나타부한
테일즈런너 Tales Runner
부수한자
7
http://cafe.naver.com/chunjaebooks
NAVER 리틀북카페 에 들어오시면
다양한 이벤트 및 정보를 보실 수 있습니다.

테일즈런너 나타부한 부수한자 7권

발행일 : 2014년 10월 1일 초판 / 2014년 10월 1일 1쇄

발행처 : (주)천재교육

발행인 : 최용준

책임편집 : 이미순, 최은정

기획편집 : 이복선, 안흥식

마케팅 : 김철우

제작 : 황성진

글쓴이 : 이준범

그린이 : 이정태

신고번호 : 제 2001-000018호(1980. 5. 28)

편집 : 02-3282-8512

영업 : 02-3282-1675

팩스 : 02-3282-1717

고객만족센터 : 1577-0902

주소 : 153-801 서울특별시 금천구 가산로 9길 54

홈페이지 http://little.chunjae.co.kr/

ISBN 978-89-269-6675-4 63710

감수의 글

“하늘 천(天), 땅 지(地), 검을 현(玄), 누를 황(黃)…….”

 한자를 무조건 외우기만 하면 이해도 안 되고 어렵기만 합니다. 어떻게 하면 쉽고 재미있게 공부할 수 있을까요? 바로 부수한자를 만화로 배우면 됩니다.

“부수한자 해 일(日)로 만든 한자는 때 시(時), 어제 작(昨)이 있네? 아하~ 해 일(日)은 시간이나 날짜와 관련된 한자를 만들 때 쓰는구나!”

 부수한자는 한자의 기본이 되는 것으로, 부수가 같은 한자는 서로 연관된 의미를 갖습니다. 따라서 부수한자를 알면 한자의 의미를 이해하는 데 많은 도움이 됩니다.

 한자를 ‘쉽게’ 공부하는 방법에 대한 답이 부수한자라면, ‘재미있게’에 대한 답은 누가 뭐라 해도 역시 만화가 아닐까요? 〈테일즈런너 나타부한 부수한자〉의 주인공들과 흥미진진한 모험을 함께하는 사이 많은 부수한자를 저절로 알게 될 것입니다.

 많은 어린이들이 이 책을 통해 부수한자를 쉽고 재미있게 공부하여 한자와 친해지기를 바랍니다.

감수자 일동 : 허시봉, 정규돈, 김준영

(전국한문교사모임)

이 책의 특징

1 일거양득(一擧兩得)
: 한 가지 일로 두 가지 이익을 얻음.
이 책 한 권으로 '학습'과 '재미'를 모두 얻을 수 있습니다.

2 박장대소(拍掌大笑)
: 손뼉을 치며 크게 웃음.
테일즈런너와 금동이의 코믹하고 흥미진진한 모험을 함께하며 신 나게 웃을 수 있습니다.

3 파죽지세(破竹之勢)
: 적을 거침없이 물리치고 쳐들어가는 기세.
한자능력검정시험에 자주 출제되는 한자들을 이야기로 구성하여 실전에서 막힘이 없도록 돕습니다.

4 철두철미(徹頭徹尾)
: 처음부터 끝까지 빈틈없고 철저함.
부수한자와 한자의 생성 원리, 한자성어 등 한자의 모든 것을 담았습니다.

부수한자 마법

나타부한(나타나라 부수한자)!

• 부수한자란?

　부수한자는 수많은 한자들 중 공통성이 있는 것끼리 모아 그 부분을 대표하는 글자를 내세운 것입니다. 총 214자이며 한자사전(漢字辭典)에서 한자를 찾을 때 기준이 됩니다. 자기 스스로가 부수여서 '제부수한자'라고도 합니다.

• 스토리텔링 연상법으로 214자 부수한자 익히기

　제부수한자인 해 일(日)은 달 월(月)과 만나 밝을 명(明)이, 잠깐 사(乍)와 만나 어제 작(昨)이 됩니다. 〈테일즈런너 나타부한 부수한자〉는 214자의 부수한자를 재미있는 만화로 담았습니다. 이 책을 통해 주인공과 함께 신 나는 모험을 하면서 자연스럽게 한자를 익힐 수 있습니다.

• 부수한자 마법 나타부한 활용하기

　만화 속 인물들이 "나타부한!"을 외치면 부수한자가 나타나고 그 부수한자를 사용해서 부수한자 마법을 쓸 수 있습니다. 빨간색으로 강조한 부분이 부수한자이며, 그 아래에는 한자의 필순을 표기하여 학습에 도움이 되도록 하였습니다.

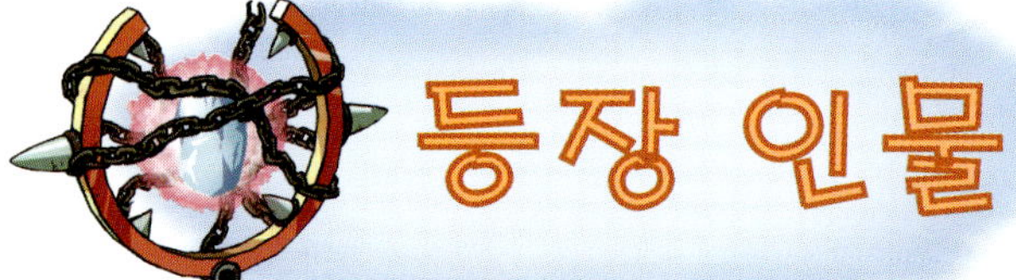

등장 인물

※ 아래 ▨▨▨ 는 캐릭터의 능력을 표시한 것입니다.

금 동 이

마력	정의감

0 · 70 · 100

부수한자 쇠 금 金의 기운을 타고 태어난 선비이며 한대제의 제자이다. 한타지의 모든 선비를 없애고 부수 한자를 독차지하려는 못된 한마황에 맞서 싸운다.

호 야

마력	초스피드 땅파기	한타지 정보 수집

0 · 30 · 60 · 100

금동이가 말썽을 피울 때는 따끔한 충고를 해 주고, 힘들 때는 위로도 해 주는 친구이다. 한타지에 대해 모르는 것이 없다.

한 마 황

마력	버럭하기

0 · 70 · 100

일월오성검을 통해 후천적으로 강력한 부수한자 마법 을 얻었다. 양반 무리의 우두머리이며 한타지를 지배 하려는 야망에 불타고 있다.

나 르 시 스

마력	시도 때도 없이 거울 보기

0 · 15 · 100

테일즈런너에서 '미'를 담당하고 있다. 아름다운 외모가 곧 무기라며 어떠한 순간에도 아름다움을 유지하기 위해 노력한다.

※전설의 아이템 : 마음 심 心 거울

한대제

모든 것이 완벽 그 자체

0   100

금동의 스승. 한마황이 일월오성검으로 부수 광석을 봉인하고 한타지를 지배하자 몰래 금동이를 키우며 한마황에게 맞설 준비를 한다.

삼천갑자 동방삭

마력

0   100

세상의 것에 대해 모르는 바가 없으며, 엄청난 부수 한자 마법 능력을 가진 전설 속의 인물. 한대제의 오랜 친구이다.

밍밍

마력	분위기 파악 못하는 나르시스 날려버리기

0   30   100

테일즈런너에서 '귀여움'을 맡고 있으며, 상냥한 말씨와 부드러운 미소를 가졌다. 하지만 한번 화가 나면 걷잡을 수 없는 다혈질이다.

※전설의 아이템 : 기운 기 氣 손목 보호대

러프

마력	판단력	뒤로 달리기

0   15   45   100

테일즈런너에서 '냉정함'을 담당하고 있지만 알고 보면 마음 따뜻한 남자이다. 뒤로 빨리 달리기가 특기이며, 빠른 판단력으로 위기 상황을 잘 헤쳐나간다.

※전설의 아이템 : 빠를 속 速 신발

7권 부수한자 ※ 한자의 순서는 책에 등장하는 순서입니다.

亻	十	方	夕	艹	木	气	辶
사람인변	열 십 8급	모 방 7급	저녁 석 7급	초두머리	나무 목 8급	기운 기	책받침

金	日	夂	禾	冫	辰	田	毋
쇠 금 8급	해 일 8급	천천히 걸을 쇠	벼 화 3급	이수변	별 진 3급	밭 전 4급	말 무 1급

扌	衣	月	耂	車	亅	歹	心
재방변	옷 의 6급	달 월 8급	늙을로엄	수레 차/거 7급	갈고리 궐	죽을사변	마음 심 7급

7권 부수한자로 만들어진 한자

亻 사람인변	休 쉴 휴 7급	十 열 십	南 남녘 남 8급	夕 저녁 석	外 바깥 외 8급	艹 초두머리	草 풀 초 7급
木 나무 목	林 수풀 림 7급 / 植 심을 식 7급 / 村 마을 촌 7급			气 기운 기	氣 기운 기 7급	辶 책받침	速 빠를 속 6급
日 해 일	春 봄 춘 7급	夂 천천히 걸을 쇠	夏 여름 하 7급	禾 벼 화	秋 가을 추 7급	冫 이수변	冬 겨울 동 7급
辰 별 진	農 농사 농 7급	田 밭 전	男 사내 남 7급	毋 말 무	每 매양/늘 매 7급	扌 재방변	才 재주 재 6급
月 달 월	服 옷 복 6급	方 모 방	旗 기 기 7급	耂 늙을로엄	者 놈 자 6급	車 수레 차/거	軍 군사 군 8급
亅 갈고리 궐	事 일 사 7급	歹 죽을사변	死 죽을 사 6급	心 마음 심	愛 사랑 애 6급		

차례

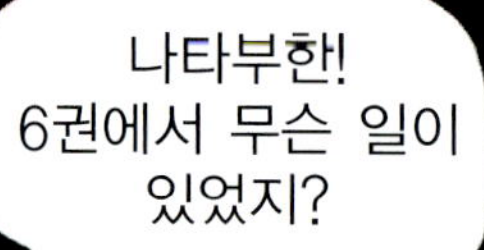

청마의 기운이 신발에 들어왔어!
슈우우

나타부한! 6권에서 무슨 일이 있었지?

못된 양반 초이의 최면 마법에서 풀려난 청마의 기운이 러프의 신발에 들어가서 전설의 아이템인 빠를 속 速 신발이 완성됐지.
속도를 높여라! 빠를 속 速!
아악

그리고 하늘고을로 향하던 중, 백의종 선비님이 지율랑 선비님의 약혼자라는 이야기를 듣고, 백의종 선비님을 구할 방법을 다 함께 알아보기로 했지.

미도의
▷▷▷ 진짜 모습! ▷▷▷

겨우 하늘 고을에 도착했지만 우리가 찾는 동방삭 님은 보이지 않았고, 온통 엉망이 된 모습이었지.

살기 좋기로 유명한 하늘 고을에 무슨 일이 생긴 거지?

동방삭 님을 찾던 중, 지나게 된 미로의 숲에서 씨앗족의 공격을 받은 우리! 그 순간 멋진 일지매로 완벽하게 변신한 금동이!

차아아악

두 두

풀을 소중히 대해! 수풀 림 林!

林

그리고 갑자기 나타나 무서운 공격을 쏟아내는 구미호 미도! 이 대결의 승자는 과연 누구일까?

7권 속으로 출발!

프롤로그
크아아앙
너는 이제
끝이다!
금동아!

차아아아악
아아아아!
파
까가각

어째서 가만히
있는 거지?
싸움을
포기한 거냐?

크윽……!

난 너랑 싸우지
않을 거야.

뭐라고?

내 마음은
진심이야.

헛소리하지 마!
덤비란 말이야!

미도, 이기적인 선비들로 인해 상처 받은 너의 과거를 보았어.
움찔
난 그런 선비들과 달라. 우리 친구가 되자.
친구라고?

아빠!
아빠, 제발 일어나세요!
남은 힘이 없구나. 이제 아빠는…….
아아, 안 돼요!
미도, 좋은 친구를 만나 함께 하늘 고을을 지키렴.
친구?
어떤 어려움이 닥쳐도 같이 이겨낼 진짜 친구를……!
툭
크윽!
아빠! 아빠!

팡
나타부한!
사람인변 亻
부수의 쉴 휴 休!
이제 편히 쉬어!
푸항 休
와아!
쉴 휴 休 덕분에
수풀 림 林
마법이 풀렸어!
스르르르륵
休 쉴휴 ノ 亻 亻 什 体 休
17

당연하지!
쉴 휴 休 마법을
썼으니까.
흥

고마워,
미도야!
응?

그렇게
이름 부르지 마!
미도 님이라고
불러!
으응?

미도 님
이라고?
나 너보다
천 살 더
많아!

씨익

이제 조용히
돌아가 줘.

내가 그냥
돌려 보낸
처음이자 마지막
인간이라는 건
알아 두고.

저,
미도!

우리를 생명
나무까지
안내해 줄래?
위험에 빠진
친구를 구해야
하거든.
뭐라고?

내 친구인 풀을
평소에 마구 짓밟지
않았어?
난
날아다니는걸!
얘가
밟았어!
야, 나도
조심조심
다닌다고!
훗

우아아! 미도야, 고마워!
알았으니까 날 따라 와.
미도 님이라고 하랬지!
헤헤, 네! 미도 님!
우리가 벌써 친구라고 생각하진 말라고.
아이, 귀찮아!
뭐지? 왠지 기뻐하는 것 같은데.
흠흠, 특별히 너희 모습에 감동을 받은 건 아니야.

나타부한!
열 십 十 부수의
남녘 남 南!
꺄아아악!
남녘 남 南 마법을
쓰니 남쪽으로 아주
빠르게 이동할 수
있군.
南 남녘 남 一 十 十 冇 南 南 南 南 南

어이, 거기 양배추!
뭐, 양배추?
꼬리를 보아 하니 하늘 고을의 구미호 족이로군.
크윽, 놔!
흠, 겁이 없는 녀석이군.
그래! 그 손 당장 치워!
지금 내 친구라고 했어……?
남녘 남 南
마법으로 왔다니? 누군데 내 친구를 공격하는 거야?

감히
이 식물들의 장군
빠오 님께
대들다니!

식물들의
장군?

게다가 내 멋진
헤어 스타일을
양배추라고
하다니.

지금이라도
잘못했다고 빌면
살려는 주마!

식물들의 장군이라니!
한마황의 부하가 아닐까?
지금까지의 한마황 부하들과는 달라요.
네?

양반들의 기운과는 다른 기운이 느껴져요.
그것도 엄청 강해요.
정말인가요?

후후후, 내 힘을 눈치 채다니! 제법 보는 눈은 있구나.

순순히
항복하는 게
좋을 텐데?
뭐라고
하는 거냐?
손 치워.
말했잖아!
차아아앗
내 친구한테서
그 손 치우라고!
꾸욱

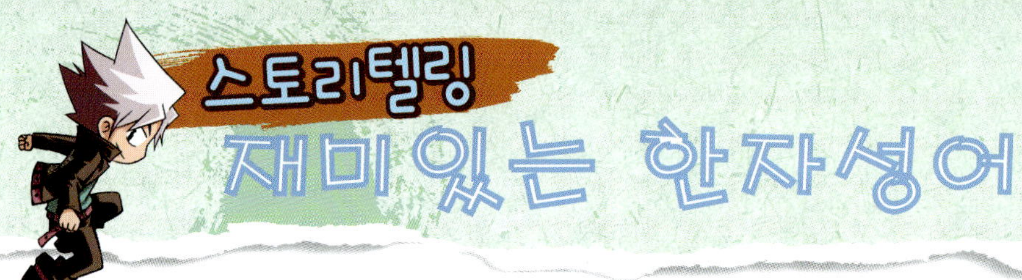

만사휴의

萬事休矣

일만 **만**　일 **사**　쉴 **휴**　어조사 **의**

옛날 중국의 형남이라는 작은 나라의 왕은 아들 보욱을 엄청 귀여워했어. 그런 아버지 때문에 보욱은 남의 말을 듣지 않고 버릇 없이 자랐지.

아무리 야단을 쳐도, 좋게 타일러도 말을 듣지 않았어.
그랬구나.

모두 그가 왕이 되면 '손 쓸 방법도 없이 나라가 끝장날 거다.' 하고 걱정했고, 실제로 형남은 멸망했지.
오홋!
벌떡

그러니까 나에게 한타지의 운명이 달려있다는 건가?
아니, 그게 아니지.

그렇다 해도 내 미모를 가꾸기 위한 나의 낮잠은 계속될 거야.
역시 만사휴의였어……

1장

밖으로 나온 스승님!

外

바깥 **외**

바깥 외(外)의 부수한자는
저녁 석(夕)입니다.

이게 한마황의
부하 장인 공 工이
만든 수정 구슬
감옥인가?
바깥쪽에서의
충격에는
약하지!
툭

수정 구슬
감옥은 안쪽에
서는 빠져
나오기
힘들지만…….
쾅
금동이라는 녀석의
스승, 한대제! 당신의
힘을 이용해야겠어.
후훗!

우리 삼장군을
무시하는 한마황이
아닌, 진정한
일월오성검의 주인을
찾는 거야!
획
쩌정
쩌정
푸쿠
쩌엉
우와아아앗!

콜록
콜록

여, 여긴
어디지?

으응?

수정 구슬 감옥이다!
그래, 내가 저 안에
있었던 거로군.

저벅
저벅

나타부한!
모 방方! 몸을
숨길 방향을
찾아라!
방향을 뜻하는
모 방方이 알려
준 곳으로
가야지.
파
턱
푸항

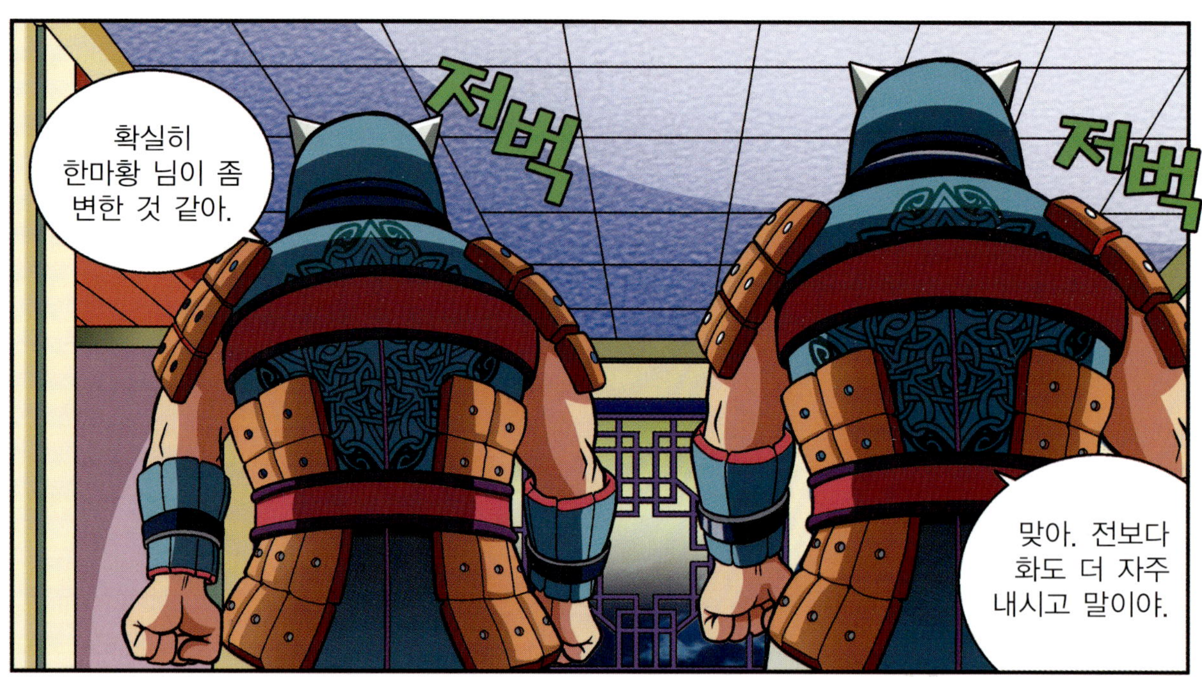

확실히
한마황 님이 좀
변한 것 같아.
저벅
저벅
맞아. 전보다
화도 더 자주
내시고 말이야.

 方 모 방　丶一宀方

신경쓸 일이 많으셔서 그렇겠지.

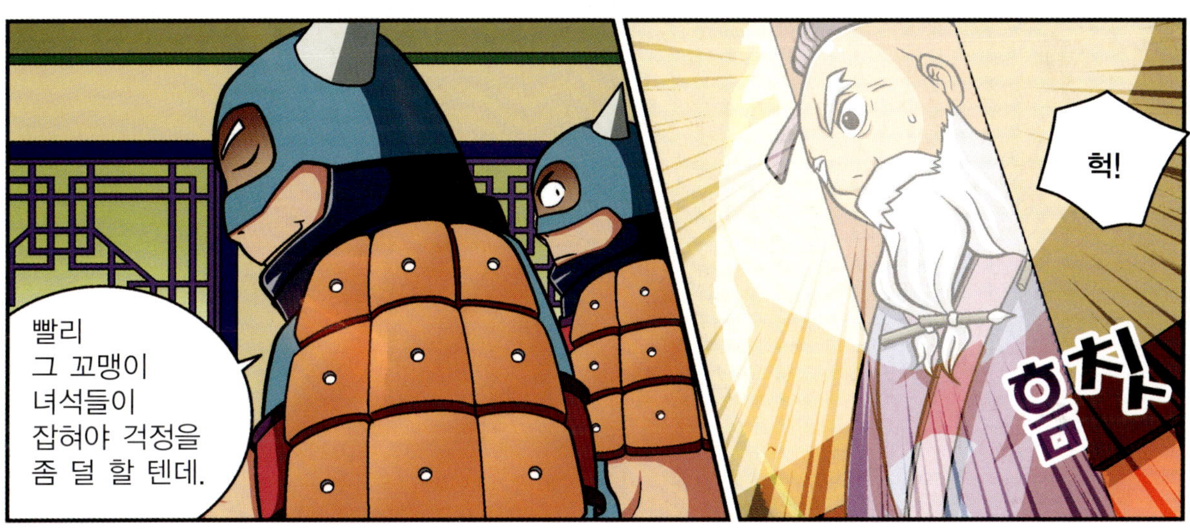

빨리 그 꼬맹이 녀석들이 잡혀야 걱정을 좀 덜 할 텐데.
헉!
힘칫

꼬맹이라면 금동이를 말하는 건가? 아직 무사하구나.

어서 아이들을
찾아야겠다.

빠오는
성공하겠지?
아마
그럴 거야.

빠오가 삼장군
중에선 가장
강하대.

볼 만한
싸움이겠네.

개똥이 녀석,
금동이를 잡으려고
강한 부하를
보냈군.

 外 바깥 외 ′ ク タ タ 外

얼마나
갇혀 있었는지 몰라도
서둘러야겠다.

여기서 나가서
금동이를 도와
줘야지.

나타부한!

저녁 석 夕 부수의
바깥 외 外! 밖으로
나가자!

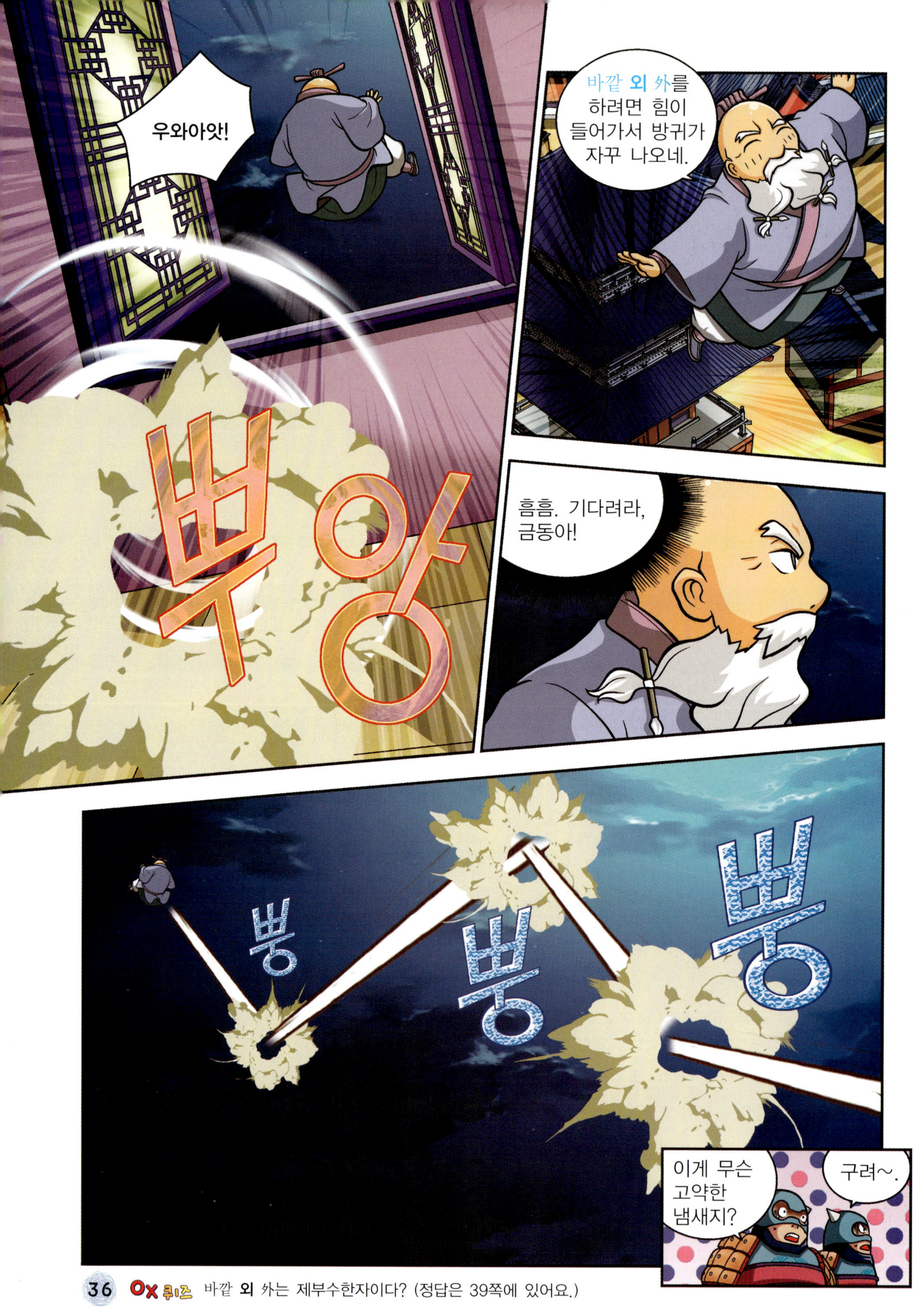

 OX 퀴즈 바깥 외 外는 제부수한자이다? (정답은 39쪽에 있어요.)

한편
내 친구를
놔 줘!
촤악
크윽!
피
헉! 아니,
피가!
주룩

연속 공격!
크윽!
챠아아악
훗, 실력이 꽤 쓸 만한데?
까 가 가 각
하지만 이 빠오 님을 이기기엔 역부족이지.

에엥?
눈 떠 봐!
미도야!

뭐야, 날 무시해?

앗, 미도야! 정신이 좀 들어?
으음.

바보, '님'을 붙이라고 했잖아…….
아아, 그건 그렇지만!

좋아. 너는 날 미도라고 불러도 좋아.

나를 친구라고 해 줬으니까.

우리 서로……
친구가 된 거니까
미도 님이라고……
하지 않아도 좋아…….
아, 안 돼!
미도!
턱
이봐! 감히
이 빠오 님이
말씀하시는데 둘이
수다를 떨어?
콰아앙!
내 친구를
다치게 한 너!
절대 용서하지
않겠어!

이럴 줄 알았냐?
똑
히이이익! 엄마야, 무서워라!
너 따위 한 방에 끝내겠다!

으아악!
나타부한!
초두머리
부수의
풀 초 草!
저게 뭐야?
풀 초 草
마법으로 풀이
자라났어!
으헉! 맞아,
미도와의
약속!
친구의 풀을
해치지 않겠다던
약속은 잊었나?
풀 초 草
마법의 풀?
일지매의
요요로 다
끊어 주지.
쿵

草 풀 초

나타부한!
나무 목 木
부수의
수풀 림 林!
수풀 채찍 공격!
팡
林

친구와의 약속을 깨진 않겠지?
이, 이런!
척
촤악
에잇, 받아라!

으아아악!
빡

차아악
파악
크하하! 끝이다!
탓
허걱!
미도야!
헉, 헉! 이 바보야, 수풀 림 林 공격을 계속 받고만 있으면 어떡해!
풀을 소중히 여기겠다고 약속 했으니까.

저 녀석의 나쁜 기운이 담긴 수풀 림 林은 물리쳐야 할 적이야!
정말?

착하고 좋은 식물들을 소중히 여기는 마음이면 충분해.

저런 나쁜 풀 때문에 친구를 잃을 수는 없지.
지금 뭐라고……!

나를 친구라고 한 거 맞지?
시끄러워!
훽

맞지? 딱 들었다고!
아이, 진짜 시끄럽네!

또 나를
무시하는 거냐!
앗!
으헉!
이얍, 멈춰!
크아악!
타탁탁
뻐오
러프, 밍밍!

우리가 있다는 걸 잊으면 안 되지!
우리 친구들을 그만 괴롭혀!
살살 봐주려고 했더니 안 되겠네!
ㅏ우우

우리에겐 기운 기 氣와 빠를 속 速 마법 아이템이 있다고!
크으웃, 이것들이!
앗! 변신하려는 것 같아요!
네?

막아야 해요!
탁탁탁
방해하지 말아라!
꺄아아악!
꺄아악!
장난은 그만! 끝장을 내야겠다.
팡
저건 무슨 씨앗이지?
식물의 장군 빠오의 진짜 힘을 똑똑히 봐라.
쏙
쏙

으아악!
나타부한!
나무 목 木 부수의
심을 식 植!
쾅
콰
아
아
아
아
아
헉, 씨앗을
몸에 심고
있어!
마, 맙소사!
심을 식 植이라니!
저럴 수가!
植 심을 식 一 十 才 木 朾 朾 柿 植 植 植 植
49

 *위력(威 위엄 위, 力 힘 력) : 상대를 압도할 만큼 강력함.

이야아아압!
탓
지금 승부를
가려야겠군!
차아아악
내 공격을
받아라!
쿠우우

쿠콰
아
아
아
콰콰
크
아
아
아
악
!

아
우

2장
착한 새싹이여,
돌아라!
春
봄 춘
봄 춘(春)의 부수한자는
해 일(日)입니다.
春

우와앗!
쿠당탕

뭐, 뭔가 폭발
한 건가?
까아악!
크으윽!
콰과과과
맙소사…….

이제 방법이
없어요.

네?

ㅏ우우

이길 수 없는 악의
기운이에요!

두근

두근

쿵

부웅
모, 모습이 변했어!
심을 식 植
마법 씨앗 때문인가?
엄청 강한 기운이 느껴져!
저게 대체……?

모두 피해요!
후후, 잠깐.
좌악
그러기엔 늦었지!
꺄아아악!
파
파
팍

으윽!
앗! 선비님!
한 명씩 차례대로 이 빠오 님의 무서움을 깨닫게 해 주지.
우리가 가서 싸워야 해!
무작정 싸우는 건 답이 아니지.
탁 탁 탁
기다려.
나르시스?
무슨 말이야?

*해결책(解 풀 해, 決 결단할 결, 策 꾀 책) : 어떠한 일이나 문제를 해결하기 위한 방법.

으악!
에잇, 방해 말고 저리 가!
뺙

에고고~.
나르시스, 괜찮아?
가만 두지 않겠어!

겨우 이런 녀석들에게 그동안 다들 지기만 했다니, 한심하군.

으윽, 분하다!

나타부한! 힘이여, 솟아라! 기운 기 氣!
망
氣

速 빠를속 一 一 一 一 一 中 束 束 速 速 速 速

챠악
챠악
으아악!
그래.
그 빠른 속도
인정한다.
하지만!
까 가 가 각
꾹!
이 정도의
파워로는 어림
없지!

그만 둬!
금동아, 잠깐!
타

너무 강한 상대야!
왜 그러는 거야?

지금 너의 상태로는 이길 수가 없어.
그럼 보기만 하라고?
그게 아니라 다른 작전을……!
시간이 없다고!

친구들이 당한 만큼 되돌려주겠어!
금동아!
타 탁 탁

나타부한!
쇠 금 金!
ㅍ항
쇠 금 金이여,
나의 강철 장갑이
되어라!
ㅍ항
쇠 금 金 주먹을
받아라!
콰앙
金 쇠금 ノ 人 수 수 金 金

차악
아니!
으아아악!
파악
악! 선비님!
크큭, 그 주먹으로
친구를 공격한 꼴이
됐네?
콰당탕

하룻 강아지 범 무서운 줄 모른다더니, 주제를 모르고 덤비기는.
스윽
스윽
후우~ 이제 재미없다.

끝내 버리겠어!

헉!
피해요!
차아아악
정말 끝인가!
멈칫
어라?
으윽, 안 돼!
이 녀석들!
크으윽!

금동아, 지금이야! 공격해!
좋아! 다시 한 번 간다!
파악
일지매의 강철 주먹 맛 좀 봐라!
꽉
콰아아

뺘앗
제대로 맞췄다!
금동, 잘했어!
훗, 맛이
어떠……?

내가 이런 약한 주먹에 맞을 줄 알았냐?
한참 잘못 생각했구나.
나우웅
헉, 이런!
크어억!
끄득!

아직 이 빠오 님의
무서움을 모르는
거냐?
으윽,
가슴이……!
어어?
으윽!
털썩
질질질
꺄아악!
우와악!
휘익
휘익
가볍게
손 봐주려고
했는데
그 정도로는
안 되겠군.

그만! 내가 상대하겠어!
호야!
팟

너 혼자 막아 내겠다는 거냐?

혼자가 아니야.
앗!

2라운드 시작해 볼까?
미, 미도야!
슉

우리도
여기 있어!
두둥

밍밍,
나르시스,
러프!

절 빼면
섭섭하죠.

모두들!

정말
눈물나는
우정이네.

좋다! 한꺼번에 끝내 주마!
짜아아앙
잠깐! 식물의 장군에겐 계절 마법이 더 *위협적이지. 나타부한!
해일日!
푸항
응?
日 해일 丨 冂 冃 日
*위협(威 위엄 위, 脅 위협할 협) : 힘으로 으르고 협박함.
75

 春 봄춘 一 二 三 丰 夫 麦 春 春 春

나? 보시다시피 귀여운 강아지지.
그게 다가 아니잖아!
하지만 적절한 마법 한자를 필요한 순간에 사용하는 능력은 아직 부족하지.
이 조그만 강아지는 어디서 나타나서 나를 방해하는 거지?
차아야옹

너희 힘은 충분해.
으응?

내가 한자를 어떻게 사용하는지 잘 봐.
나타부한! 천천히 걸을 쇠 夊! 천천히 한 번 들어가 볼까?
夊
팡
차
비틀
차
차 차
비틀
비틀
역시 천천히 걸을 쇠 夊! 천천히 걷는데도 동작은 날렵해!
夊 천천히 걸을 쇠 ノ ク 夊

夏 여름 하 一 一 一 一 一 一 一 一 一 一 夏 禾 벼 화 一 一 一 一 一 79

秋 가을 추　ノ　ニ　千　千　禾　禾　禾　秋　秋

대체 저 강아지 정체가 뭘까요?
봄 춘 春, 여름 하 夏, 가을 추 秋! 정말 대단한 실력인 건 확실한데.

으으윽! 아직 끝이 아니다!
끝까지 해보겠다는 거냐?
드득
드득
드득
쿵 쿵 쿵
가만 두지 않겠다!

 冫 이수변   冬 겨울 동 丿 夂 冬 冬 冬

콰앙

온몸이
얼어붙는다!
내가 저 따위
강아지에게
당하다니!

콰앙

春夏秋冬

춘하추동
(春夏秋冬)!
오랜만에 힘
좀 썼네.

냐우우

너희들,
나의 정체가 무지
궁금하지?

네!

이제 보여 줄게.
퍼엉
엄마야!
척
얼마만인지 모르겠군.
누우우

이렇게 선비다운 선비들을 만나는 게 말이야.
흥 흥
아니, 이분은!
허허. 미도야, 오랜만이다.
헉! 동방삭 님?
동방삭 님!
척

3장

늘 기다려 온 순간!

每
매양/늘 매

매양/늘 매(每)의 부수한자는
말 무(毋)입니다.

내 다른 부하들을
우습게 보더니
말이야.

삼장군, 이대로
포기할 테냐?

그럴 수는
없습니다!

동물들의 장군인
저 카오를 믿어
보시죠.

그래,
그럼.

휙

 *탈출(脫 벗을 탈, 出 날 출) : 어떤 상황이나 구속 따위에서 빠져나옴.

수정 구슬 감옥은 안쪽에서 힘을 줘도 절대 못 나와!
하, 하지만!
어, 어째서? 바깥쪽에서 충격을 줘야만 깨지는데!

금이 간 채로 바닥에 떨어져 있었습니다.
에잇! 당장 흩어져 탈출한 한대제를 찾아라!
네!
크크크, 계획대로 진행되는군.

 農 농사 농 〣 冂 曰 曲 曲 曲 严 严 严 農 農 農

탕
탕
탕
탕탕 탕
파파파팡

이번에 필요한 건!
나타부한!
밭 전 田!
농사일을 할 일꾼들아, 나와라!
사내 남 男!
호이!
호이!
호이!
호이!

田 밭 전 ㅣ ㄇ � 田 田　　男 사내 남 ㅣ ㄇ � 田 田 甲 男

村 마을 촌 　一 十 才 才 木 村 村

나타부한!
말 무 毋 부수의
매양/늘 매 每!
마을 촌 村
대신에
지금 필요한
마법 한자는!
늘 한결같다는 의미로,
식물들을 늘 푸르고
건강하게 지켜 줄
매양/늘 매 每지.
푸항
完全 지쳐
보이는데...
헉
헉

허허,
나이가 드니
매양/늘 매 每도
힘들긴 하군.
험 험

부수한자 마법이
강한지 약한지는
마법 에너지만으로는
알 수 없단다.
네?
그럼요?

'한자 정신'과
'마법 에너지'
두 가지를 생각해야
하지. 상황에 딱 맞는
마법 한자를 선택하는
능력이 바로
한자 정신이야.
나타부한!
재방변 扌 부수의
재주 재 扌!
한자 정신
마법 에너지

한자 정신을
잘 활용하는
선비는

최소한의
마법 에너지로
가장 좋은 결과를
만들지.
뭔 말
이다냐

 才 재주 재 一 十 才

너는 마법 에너지를 직접 쓸 줄은 모르지?
네, 맞아요.

하지만 한자 정신은 호야가 가장 높구나.
네? 정말요?
네…내가?

그래. 하지만 어떤 마법 한자 필요한지 판단하는 능력이 아주 뛰어나.

그동안 호야의 조언이 도움이 된 경우가 많았을 거야.
아!

그러고 보니 호야에겐 남다른 재주 재 才가……!

자, 지금 가장 필요한 마법 한자는 뭘까?
지금요?

하늘 고을의 식물들을 살릴 심을 식 植 이나
수풀 림 林 아닐까요?

이미 매양/늘 매 每로 나무들을 살렸으니 그건 아니란다.
아차, 그렇지.

우선 모두의 옷을 깨끗하게 만들어야 하지 않을까요?
옷?

다들 빠오를 상대하면서 옷이 다 더러워졌잖아.

 衣 옷 의　`　亠　ナ　衣　衣　衣

깨끗하고 편한 옷으로 갈아입고 하늘 고을의 일을 도와야겠지.
아하, 그렇구나!
탁

그래, 이 상태로는 일하기 힘들어.
불편하고 지저분하고.
나타부한! 옷을 깨끗하게! 옷 의 衣!
푸항
衣
우아! 깨끗해졌어!

옷 의 衣로는 옷이 깨끗해 지기만 하네.
응?

옷을 뜻하는 다른 한자가 필요해.
그래?

나타부한!
달 월 月!
지금 필요한 복장으로 바꾸자!
옷 복 服!
服
팡
팡
팡

服 옷 복　丿　刀　月　月　肌　服　服　服

허허허!
내 제자들의 능력을
잘 알아봤군!

어?

이 목소리는!

설마……!

ㅏ우우

잘 있었나?
동방삭!

그리고 늦어서 미안하구나. 사랑하는 내 제자들아!
으흑! 스승님, 스승님!
으앙~ 보고싶었어요!
왁 락

4장

旗
기 기

기 기(旗)의 부수한자는
모 방(方)입니다.

으흑.
다시는 못 보는
줄 알고…….
울지 말거라.
지금 같이 있지
않느냐.
저,
스승님.
조금
이상한데요.
수정 구슬
감옥에 갑자기
금이 가고
이상
하다고?
쉽게 빠져
나올 수 있었
다는 게…….

개똥이 부하 중에
우리 편이 있을지도
모르는 일이지!
에,
설마요.
내가 생각해도
그렇긴 하단다.
바깥쪽에서 큰
충격이 있었다는
말이니까.

흠, 그래. 아직 아무것도 확신 할 수는 없지.

어쨌든 이렇게 다시 만나니 정말 좋구나.
헤헤! 정말, 정말요!

자네 제자인 줄 알았으면 좀 빨리 도와줄 걸 그랬군.
허허, 동방삭!

아이들에게 적과 맞설 기회를 줘서 오히려 고맙네.
그런가?
두 분, 아는 사이세요?
우리는 오랜 친구 란다.
흐흐흐

이 친구 옛날부터 얼굴이 잘 생겨서 인기가 많았지.
에헤이~ 그건 자네 얘기 아닌가? 꽃미남 동방삭이잖아!
안 봤다고 지어내는 거 아냐.
그런데 정말 뭐든 다 알고 계세요?
응? 그렇단다.

세상에서 제일 잘 생긴 사람이 저라는 것도 아시겠네요!
뭐...뭐지 저 아인.

저, 동방삭 님.
무슨 일인가?

제가 사랑하는
사람이 한마황의
목숨 명命 마법
공격을 받고
쓰러졌어요.

구할 방법을
알려 주세요.
생명 나무로
가면 알 수 있다고
들었어요!

내가 생명 나무까지
같이 가야 하는데…….
하늘 고을이 본래의
모습을 되찾을
때까지 기다리게.
네?

이곳은 이제 겨우
조금씩 제 모습을
찾아가고 있어.

우선 이 일에
집중해야 하지
않겠나?
동방삭 님,
그렇지만……!

*난처(難 어려울 난, 處 곳 처) : 이럴 수도 없고 저럴 수도 없어 곤란함.

아!
제발! 이렇게
부탁드립니다!
이, 이렇게
까지…….
생명 나무까지
함께 가 주세요.
털썩
단 1분이라도 빨리
백의종 선비님께 걸린
목숨 命 마법을
치료하고 싶습니다!

동방삭 님! 제가 다녀 올게요.
미도야!

생명 나무라면 저도 잘 알고 있으니까요.

동방삭 님께서 하늘 고을을 맡아 주시는 동안 제가 가면 되죠.
괜찮겠니?
우아, 미도야! 고마워!

으흠, 그래도 뭔가 걱정 되는데……
어?
어라?
ᄃ ᄃ ᄃ ᄃ

우아아앗!
이게 뭐지?
땅이 마구
흔들려!
앗! 저기
좀 봐!
아니,
저건!
뭐지?
헉!

두
두
두
두
두
두
동물들이
몰려와!
평범한 동물들이 아니야!
갑옷을 입었어!

쿵
빠오를 공격한
녀석들, 나와라!

아까 그 양배추 머리 이름이 빠오였지?
응! 그 녀석과 같은 편인가 본데?
너희들이구나!

푸하하! 그 양배추 머리? 깔끔하게 혼내 줬지!
꼭 네가 한 거 같다.
푸항
나타부한!
모 방 方!

 方 모 방 　丶 亠 宀 方

나와라, 깃발!
모 방方 부수의
기 기旗!
무항
뭘 하려는
거지?
기 기旗?
설마 조종
마법?
가라! 나의
동물 군대!
차아악

두두두두두

이, 이럴 수가!

기 기 旗 마법으로
저 많은 동물을
조종할 정도의
힘이라니!

질 수 없지!
실력을
보여 주자!
우리도
공격하자!
팍
가자!
타 탁 탁

촤악
일지매
요요 공격!
빡
크어억!
빡
캬악!
빡
빡
빡
받아라!
탁 탁 탁
파

정답

빠를 속 速
발차기!
빡
빡
쿠구구
으라차차!
기운 기 氣
바위 굴리기!
쾅
쾅
쾅

가자, 우카!
우카와 지율랑 선비님까지!
우리가 함께 힘을 합치면 무서울 게 없지!
응, 맞아!
두 두 두 두
저 아이들 정말 보통이 아니군.
그래도 이 싸움은 이길 수 없어.
응? 무슨 소리인가?

강한 악의 기운이야.
저 동물 군대의 힘이 예사롭지 않아.
이야아압!
쿠당탕!
밍밍, 괜찮아?
헉
헉

헉헉, 동물들 공격이 끝이 없어.
그러게. 줄어들지도 않고.

러프,
뒤를 봐!
ㄷㄷㄷㄷㄷ
허억!
위험해요!
꺄악!
쿠당탕
캉
으으윽!
선비님!

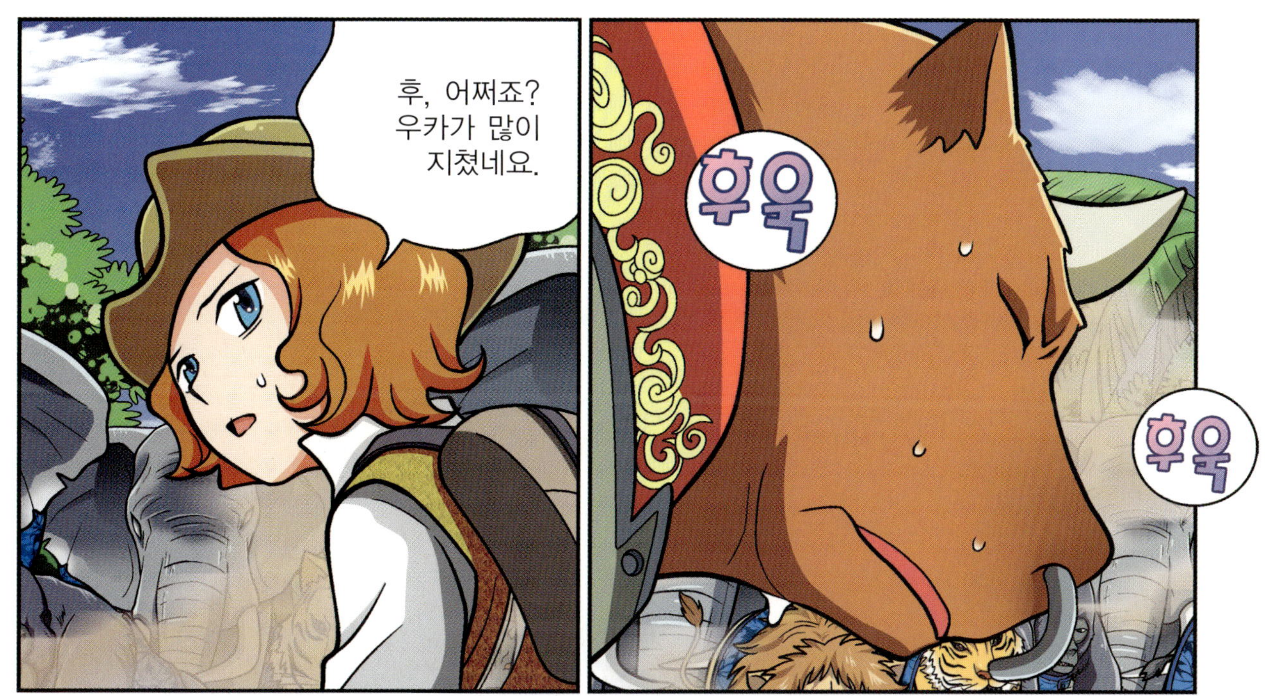

후, 어쩌죠?
우카가 많이
지쳤네요.
후욱
후욱

크윽,
안 돼…….
부웅
이대로는
모두가 위험해.
앗!
스승님!

나타부한!
늙을로엄 耂!
동물은 사라지고
사람만 남아라!
사람을 뜻하는
강한 마법!
놈 자 者!
뾰
퍄앙
쾃
者
아
아
아

者 놈 자　一　十　土　耂　耂　耂　者　者　者

5장

나르시스의 거울!

愛
사랑 애

사랑 애(愛)의 부수한자는
마음 심(心)입니다.

전에 부탁한
새 운동화는?
여기 있어.

자, 달리기
속도가 훨씬
빨라질 거야.
우아!
역시 멋져!

꽤 멋진
운동화네?
그래서?

응?

너 또 우리가
이거 신어 봤자
네가 더 멋지다고
하려는 거지?
뻔해.

네 외모 잘난 척 지겨워.
항상 미모 얘기만 하고.
아, 그, 그건!

얘들아, 달리기 대회 시작해!
알았어~.

너랑은 안 놀아.
얘들아……!
잘난 척 쟁이.

아…….

잘난 척 하려던 게 아니야.
난 그냥 모두와 친해지고 싶던 것 뿐인데.

어이, 노랑 머리!
미모 얘기만 하는 건 나를 좀 봐 달라는 건데.
모두에게 잘 보이고 싶었던 건데.

왜 그렇게 서 있어? 출발선으로 가야지.
우리와 함께 달리자.

나르시스! 봤어?
동물들이 다
사라졌잖아!
아!
우리가 또 이긴
거야! 멋지지?
탁

음…….
나도…….

내 발차기가
제일 멋졌어.
무슨 소리!
나의 활약이
최고였지.

나도 뭔가 도움이
되고 싶은데.
여전히 나는
철없이 미모 얘기만
하고 있었네.

흐음…….
달라진 게
없어.

스승님! 정말
대단하세요!
허허, 다행히
놈 자 者 마법이
통했구나.

사람만 남아 있게
한다면 다른
동물들은 사라질
거라 생각했지.
두 분 정말
멋져요!

하지만 아직 끝난 게 아니야.
네?

저 녀석, 사라지지 않았어.
휘이이이이이잉

자네, 힘들어 보이는군.
응? 아니, 난 괜찮네.

아니야. 예전 같지 않아. 왜지?

혹시 전에 금동이에게 가르칠 교 教 마법으로 마법 능력을 전달 하셔서?
앗!

*청춘(靑 푸를 청, 春 봄 춘) : 인생의 젊은 나이 또는 그런 시절.

그나저나
이상하구나.

네?

그러게요.
어째서
가만히 있는
거지?

저 카오라는
녀석 너무
조용해.

동물인데 사라
지지 않은 것도
이상하고.

크크크크······.

굉장한 부수한자
마법이었어.
대단해!

크하하핫!

왜,
왜 저래?

실성했나?

빠오가
당했다는 게
이제 이해가
되는군.

항복할 테냐?

항복?

훗, 내 진짜 실력으로
너희를 상대하겠다는
소리다.
똑똑히 봐라!
푸항
軍
나와라!
새로운 동물 군대!
수레 차/거 車
부수의
군사 군 軍!
두두두두두
138 軍 군사 군 軍

헉! 군사 군軍 마법으로 동물 군대가 다시 나타났어!

나타부한! 갈고리 궐 ㅣ 부수의 일 사 事! 너희가 맡은 일을 해라!

첫, 겨우 한숨 돌렸는데.

그러게요.

事

나와라, 우카!

군사 군軍 따위 무섭지 않아! 내 실력을 보여 주마!

死 죽을 사 　一　ア　歹　歹　歹　死

일 事를 막으려면 일지매가 되어야 하는데!
흐음.

죽을 死 마법이 안 되니?
네!

일지매의 의지가 아직 완벽하게 자리잡지 못한 거야.

그게 그렇게 쉬운 일이 아니긴 하지
이럴 수가!

헉! 스승님, 지금 놈 자 者 마법을 한 번 더 써야겠어요!
으아악!
왜요?
아니, 이번에는 안 돼.

아까는 사라지게 해도 되는 가짜 동물들이었어.

하지만 저 동물들은 해치면 안 돼. 진짜 동물 이거든.
네?

크큭, 늙은이가 눈치 하나는 빠르네.
느, 늙은이라니! 버릇 없는 놈!
버럭
지금 불러낸 동물 군단은 진짜 동물이다. 내 명령에 따르도록 최면에 걸린 거지.
헉!
뭐야?
아, 맙소사!
어쩌지?

아, 정말이야.
이미 공격을 당한
동물들이 상처 입고
괴로워해.
사실 착한
진짜 동물들인데
카오의 기 旗
마법 기운으로 조종
당하는 거야.

어떡하죠?
착한 동물들을
공격할 수는
없어요.
흐음······.
이걸
어쩐담······.

모두
비켜요!
타

크아아앙!
앗, 미도!
아무 죄 없는
동물들을
기 기 旗 마법으로
조종하다니!
오! 전설 속의
존재, 구미호
등장이군.
용서 못 해!
타 탁 탁
파 악

그래 봤자
너도 동물일 뿐!

뻐

오

캥

탕

동물들의
장군인 나,
카오의 말을
잘 들어야지.

비
틀

크르릉!

미도야!

가서 끝장내라!
크아악!
쿠오오오!
ㄷ ㄷ ㄷ ㄷ
캬아아아악
콰아앙
안 돼!
파
파
멈춰!
금동!

내 친구를 공격하게 둘 수는 없지!
조종당하는 동물은 죄가 없어! 카오를 공격해야지!
아!
크르릉!
멈칫
차악
뻐ㄱ
크아아앗!

크윽, 어떻게 손을 쓸 수가 없네.

우카, 공격 말고 방어 위주로!

으앙~ 난 너희를 공격 하고 싶지 않아!

다 다 다

모두들…….

저렇게 열심히 맞서는데 나는…….

너만 싸우지 못해서 속상한 것이냐?
아, 동방삭 님!

너에게도 너만의 능력이 곧 생길 거야.
그래, 아직 찾지 못한 것 뿐이지.

너무 속상해 하지 말거라.
속 속
친구들에게 미안해서요.

제가 가진 거라고는 미모와 이 거울 뿐이네요.
이 상황에서도 아름답구나
쿵
헉! 마음 심心 거울이잖아?

네?
이걸 갖고 있으면 진작 말했어야지! 가자!
조심해! 전설의 아이템 마음 심心 거울이라고.
다 다 다

두 두 두 두 두 둥

금동아,
어쩌지?

으윽, 완전히
둘러싸였네.

나타부한!
마음 심 心!
나르시스!

사랑의 힘이여,
퍼져라! 사랑 애 愛!
푸앙
愛 사랑 애
나르시스에게 어떤 능력이 생긴 걸까요? 8권에서 계속됩니다.

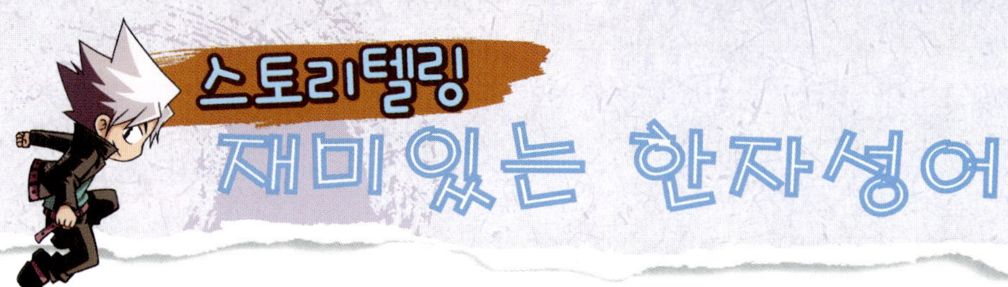

춘란추국

春 蘭 秋 菊

봄 춘　난초 란　가을 추　국화 국

그래!
내가 한타지
최고 발가락
미남이라고!
무슨 소리!
난 발가락까지도
다 잘생겼어!
옥신
각신
호…
저 바보들

춘란추국
(春蘭秋菊)
이니까
싸우지 마.
춘란추국?

'봄의 난초와
가을의 국화'를 뜻해.
각각의 특색이 있어서
어느 한쪽이 더 낫다고
말하기 어렵다는
말이지.

내 발이
봄의 난초?
내 발은
가을의 국화?

우리 둘 다
발가락 미남이네!
이렇게
쉽게 화해할
거면서……
단순해.

차례

부수한자 마법 훈련

▲ 본책에서 공부한 부수한자의 숨겨진 이야기와 여러 가지 뜻을 알 수 있고, 필순에 따라 써 볼 수 있습니다.

스토리텔링! 생활 속 한자, 교과서 속 한자

▲ 일상생활에서 활용할 수 있는 한자 단어와 교과서에 나오는 한자 단어를 재미있는 만화와 이야기 속에 담아 스토리텔링 학습을 돕습니다.

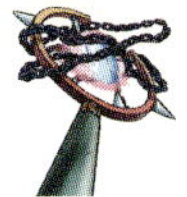

급수 한자 실력 쌓기

▲ 한자능력검정시험과 같은 유형의 문제를 생동감 있는 만화와
함께 구성하여 한자 실력을 높일 수 있습니다.

필순 미로 탈출

▲ 재미있는 미로 탈출 게임을 하다 보면 한자 학습에서 중요한
필순을 자연스럽게 익힐 수 있습니다.

부수한자 마법 훈련

나타부한! 사람인변 亻

◉ 여러 가지 뜻과 음

◉ 필순에 따라 쓰기

亻	亻	亻	亻	亻
사람인변 총 2획				

4

나타부한! 모 방 方 7급

알아보기

나타부한! 모 방!
- 부수한자로 쓰이는 '方'은 바람에 펄럭이는 깃발을 뜻하는 나부낄 언 㫃의 왼쪽 절반의 모양을 따온 것입니다.
- 본책에서는 기 기 旗의 부수한자입니다.

◉ 여러 가지 뜻과 음

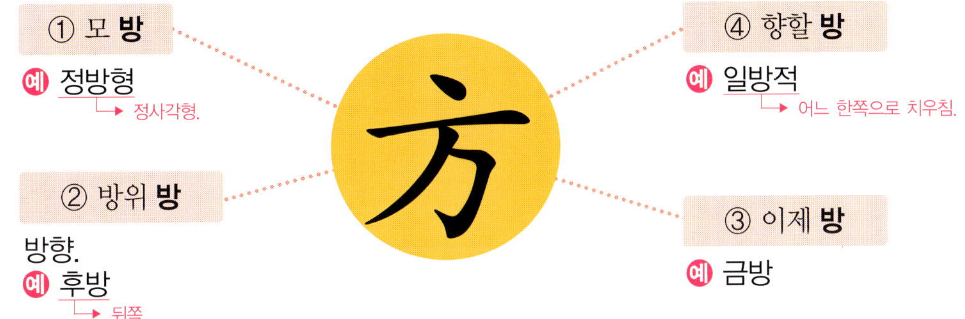

① 모 **방**
예 정방형
→ 정사각형.

② 방위 **방**
방향.
예 후방
→ 뒤쪽.

④ 향할 **방**
예 일방적
→ 어느 한쪽으로 치우침.

③ 이제 **방**
예 금방

◉ 필순에 따라 쓰기

方	方	方	方	方
뜻 모 **음** 방 총 4획				

부수한자 마법 훈련

나타부한! 천천히 걸을 쇠 夂

◉ 여러 가지 뜻과 음

◉ 필순에 따라 쓰기

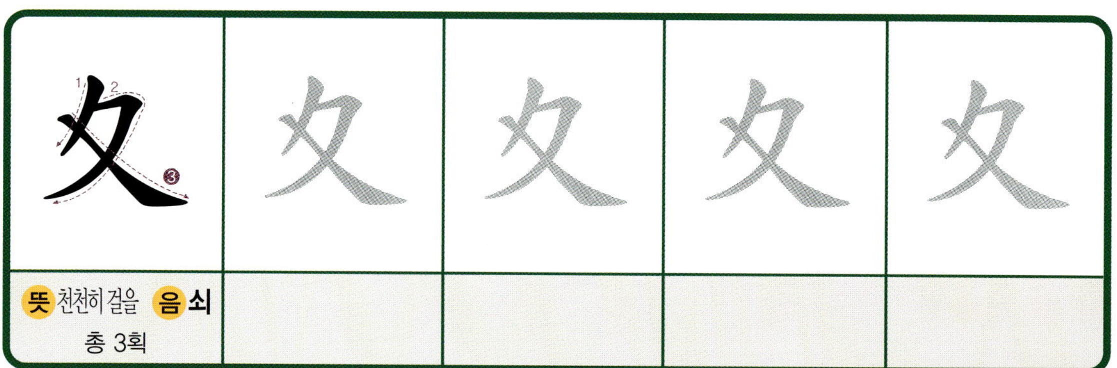

夂	夂	夂	夂	夂
뜻 천천히 걸을 음 쇠 총 3획				

나타부한! 벼 화 禾 3급

◉ 여러 가지 뜻과 음

① 벼 **화**

예 맥화
→ 보리와 벼

禾

◉ 필순에 따라 쓰기

禾	禾	禾	禾	禾
뜻 벼 **음** 화 총 5획				

부수한자 마법 훈련

나타부한! 이수변 冫

◉ 여러 가지 뜻과 음

◉ 필순에 따라 쓰기

이수변 총 2획				

나타부한! 별 진 辰 3급

◉ **여러 가지 뜻과 음**

◉ **필순에 따라 쓰기**

나타부한! 밭 전 田 **4급**

◉ 여러 가지 뜻과 음

◉ 필순에 따라 쓰기

田	田	田	田	田
뜻 밭 음 전 총 5획				

나타부한! 재방변 扌

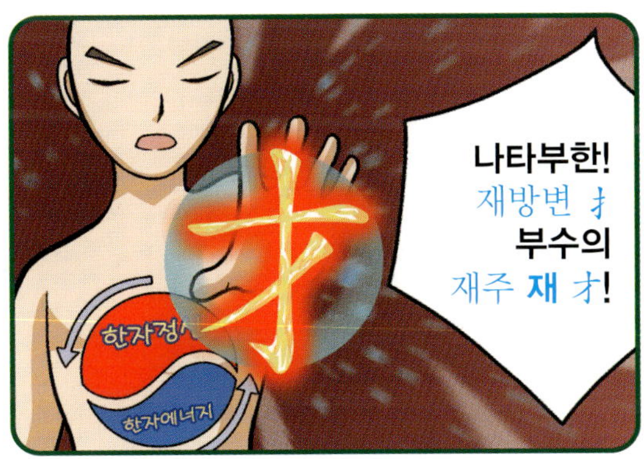

◉ 여러 가지 뜻과 음

◉ 필순에 따라 쓰기

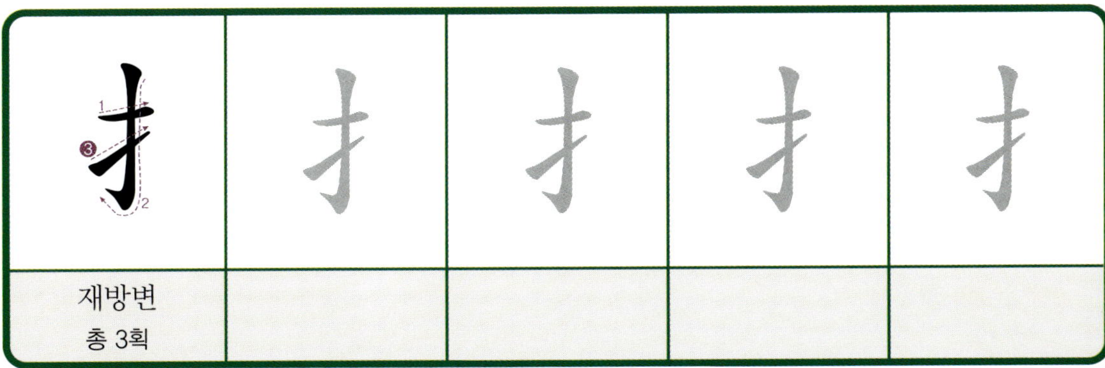

扌	扌	扌	扌	扌
재방변 총 3획				

나타부한! 옷 의衣 6급

알아보기

나타부한! 옷 의!
- '衣'는 몸에 걸친 옷의 깃 모양을 본뜬 글자입니다.
- '옷, 옷의 상태'를 나타내는 문자를 이룹니다.
- 제부수한자입니다.

⊙ **여러 가지 뜻과 음**

① 옷 의　　　　衣　　　　② 입을 의
예 백의　　　　　　　　　　예 착의
→ 흰 옷.　　　　　　　　　　→ 옷을 입음.

⊙ **필순에 따라 쓰기**

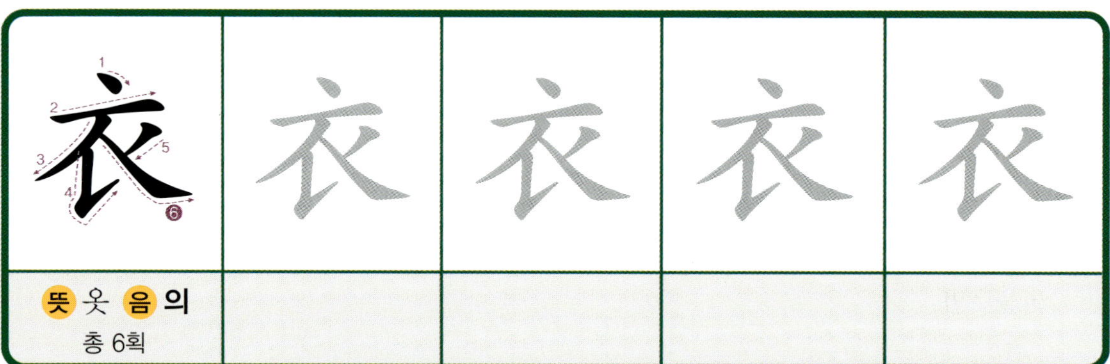

衣	衣	衣	衣	衣
뜻 옷 음 의 총 6획				

나타부한! 늙을로엄 耂

알아보기

나타부한! 늙을로엄!
- 부수한자로 쓰이는 '耂'는 늙을 로 老의 아랫부분을 생략한 글자입니다.
- '노인'에 관한 문자를 이룹니다.

◉ 여러 가지 뜻과 음

◉ 필순에 따라 쓰기

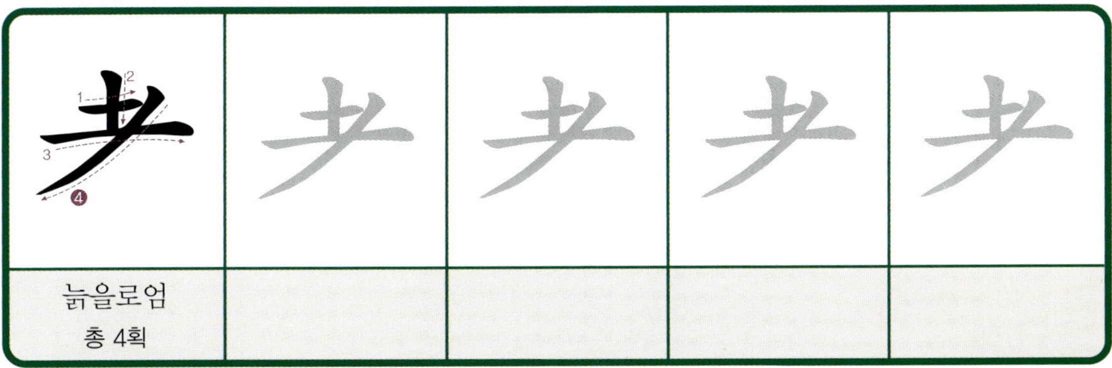

耂	耂	耂	耂	耂
늙을로엄 총 4획				

부수한자 마법 훈련

나타부한! 갈고리 궐 亅

알아보기

날카로운 갈고리! 갈고리 궐!
- '亅'은 갈고리 모양을 본뜬 글자입니다.
- 본책에서는 일 **事**의 부수한자입니다.

⊙ **여러 가지 뜻과 음**

⊙ **필순에 따라 쓰기**

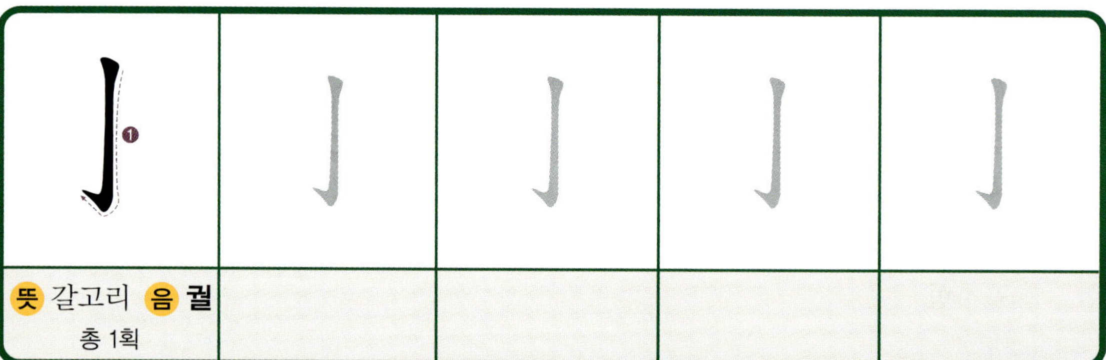

亅	亅	亅	亅	亅
뜻 갈고리 **음** 궐 총 1획				

나타부한! 죽을사변 歹

살이 없는 앙상한 뼈! 죽을사변!

- '歹'은 살이 깎여 없어진 뼈를 본뜬 글자로 앙상한 뼈를 뜻합니다.
- '죽음'의 뜻을 포함하는 문자를 이룹니다.
- 본책에서는 죽을 **사 死**의 부수한자입니다.

◉ 여러 가지 뜻과 음

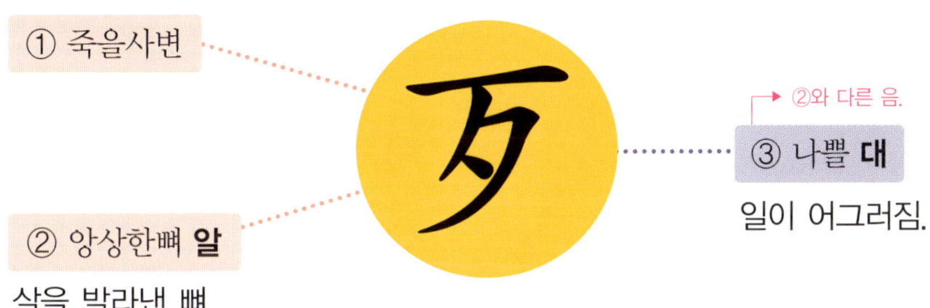

◉ 필순에 따라 쓰기

歹	歹	歹	歹	歹
죽을사변 총 4획				

※파자 (깨뜨릴 **파 破**, 글자 **자 字**) : 한자의 자획을 풀어 나눔.

무슨 소리!
흰 눈을 볼 수 있는
멋진 겨울이 최고야.

가로획
아홉 개와

세로 획
아홉 개로
이뤄진 한자는?

圖

그림 **도**

그림
미로 탈출
대결이다!

내가 제일
먼저 탈출할
거야!

무슨 소리!
1등은 나야!

아니야!
내가 먼저야!

安

편안 안

춘하추동! 모두 매력이 있지.
맞아!

天
하늘 천
하늘(하늘 천 天)을 뚫고 올라간 한자는?

夫
지아비 부

이야아압! 찾았다!
헉! 하늘을 뚫고 올라오다니!

◉ 남녘 **남** 南, 쉴 **휴** 休

- 남해(남녘 **남** 南, 바다 **해** 海) : 우리나라 남쪽 바다.
- 휴식(쉴 **휴** 休, 쉴 **식** 息) : 하던 일을 멈추고 잠깐 쉼.

◉ 매양/늘 **매** 每, 농사 **농** 農, 마을 **촌** 村

- 매년(매양/늘 **매** 每, 해 **년** 年) : 한 해 한 해, 해마다.
- 농촌(농사 **농** 農, 마을 **촌** 村) : 주민의 대부분이 농사짓는 일을 하는 마을.

◉ 바깥 **외** 外

- 외출(바깥 **외** 外, 날 **출** 出) : 집을 벗어나 밖으로 나감.
- 외식(바깥 **외** 外, 밥 **식** 食) : 집에서 직접 해 먹지 않고 밖에서 음식을 사 먹음.

◉ 놈 **자** 者

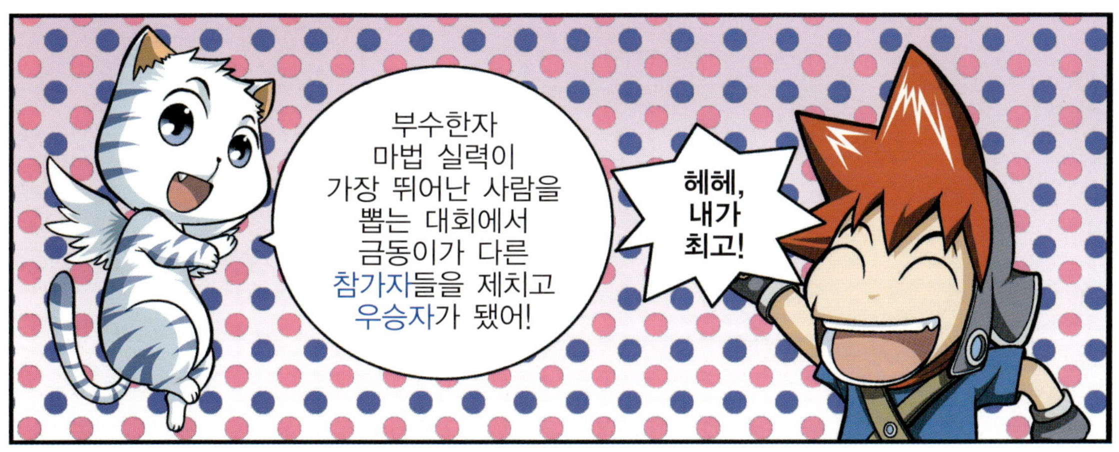

- 참가자(참여할 **참** 參, 더할 **가** 加, 놈 **자** 者) : 어떤 일에 참가하는 사람.
- 우승자(뛰어날 **우** 優, 이길 **승** 勝, 놈 **자** 者) : 기술이나 실력이 가장 뛰어난 사람.

국어

- 낭송(밝을 **낭** 朗, 외울 **송** 誦) : 크게 소리를 내어 글을 읽거나 외움.
- 표현(겉 **표** 表, 나타날 **현** 現) : 생각이나 느낌을 말이나 몸짓으로 나타냄.

수학

- 순서(순할 **순** 順, 차례 **서** 序) : 정하여진 기준에 따라 정해지는 차례.
- 배열(나눌 **배** 配, 벌일 **열** 列) : 일정한 차례에 따라 벌여 놓음.

사회

• 질서(차례 **질** 秩, 차례 **서** 序) : 혼란 없이 순조롭게 이루어지게 하는 차례.

과학

• 암석(바위 **암** 岩, 돌 **석** 石) : 크기가 큰 돌, 바위.

1 다음 만화를 보고 밑줄 친 漢字(한자)의 讀音(독음)을 쓰세요.

(1) (   ) (2) (   )

2 다음 만화를 보고 밑줄 친 漢字(한자)의 讀音(독음)을 쓰세요.

(1) (   ) (2) (   )

한자의 훈·음 쓰기

3 아래 만화에 있는 漢字(한자)의 訓(훈 : 뜻)과 音(음 : 소리)을 쓰세요.

(　　　　　　　　　　)

4 아래 만화에 있는 漢字(한자)의 訓(훈 : 뜻)과 音(음 : 소리)을 쓰세요.

(　　　　　　　　　　)

5 다음 한자의 ㉠획의 쓰는 순서를 아래에서 찾아 번호를 쓰세요. ·············· (   )

① 첫 번째   ② 두 번째

③ 세 번째   ④ 네 번째

6 다음 한자의 ㉠획의 쓰는 순서를 아래에서 찾아 번호를 쓰세요. ·············· (   )

① 첫 번째   ② 두 번째

③ 세 번째   ④ 네 번째

7 다음 만화를 보고 밑줄 친 말에 해당하는 漢字(한자)를 보기 에서 찾아 번호를 쓰세요.

보기　①冬　②村　③夏　④外

(1) 마을 (　　　　　)

(2) 여름 (　　　　　)

8 다음 만화를 보고 밑줄 친 말에 해당하는 漢字(한자)를 보기 에서 찾아 번호를 쓰세요.

보기　①木　②南　③草　④速

(1) 풀 (　　　　　)

(2) 빠르다 (　　　　　)

뜻에 알맞은 한자 찾기

9 빈칸에 알맞은 漢字(한자)를 〔보기〕에서 찾아 번호를 쓰세요.

〔보기〕 ① 秋 ② 田 ③ 衣 ④ 旗

(1)

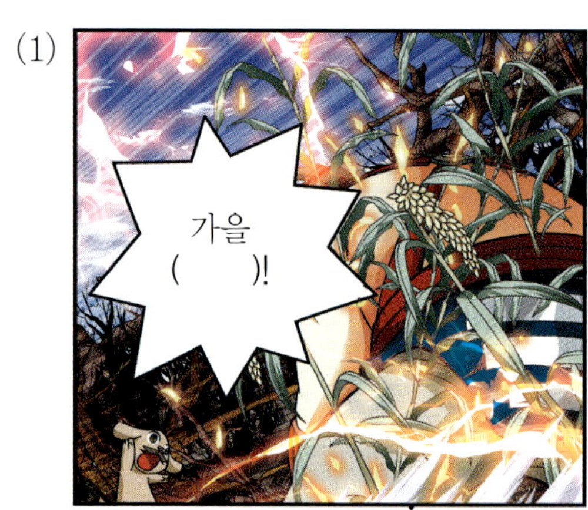

(2)

(3)

(4)

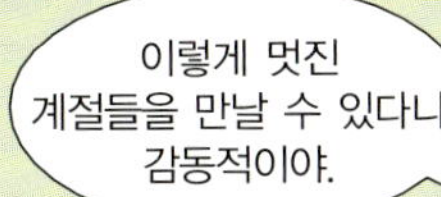

공통으로 쓰인 한자 찾기

10 밑줄 친 ㉠과 ㉡에 공통으로 쓰이는 漢字(한자)를 **보기**에서 찾아 번호를 쓰세요.

보기 ① 車 ② 農 ③ 旗 ④ 服

(1)

(   )

(2)

(   )

필순 미로 탈출

우리나라의
춘하추동 최고야!

내가 1등으로 탈출할 거야!
필순 따라
출발!
秋
衣
農
夏
愛
農
도착!

1 (1) 매 (2) 휴　**2** (1) 외 (2) 남　**3** 봄 춘　**4** 사내 남　**5** ③　**6** ②　**7** (1) ② (2) ③　**8** (1) ③ (2) ④　**9** (1) ① (2) ② (3) ③ (4) ④　**10** (1) ② (2) ③

풀이

1 (1) 每 : 매양 **매** (2) 休 : 쉴 **휴**

2 (1) 外 : 바깥 **외** (2) 南 : 남녘 **남**

3 春 : 봄 **춘**

4 男 : 사내 **남**

5 夏 : 여름 **하** (一 一 一 一 一 百 百 頁 頁 夏)

6 農 : 농사 **농** (丶 口 曰 曲 曲 曲 農 農 農 農 農 農)

7 (1) 村 : 마을 **촌** (2) 夏 : 여름 **하**

8 (1) 草 : 풀 **초** (2) 速 : 빠를 **속**

9 (1) 秋 : 가을 **추** (2) 田 : 밭 **전** (3) 衣 : 옷 **의** (4) 旗 : 기 **기**

10 (1) 農 : 농사 **농** (2) 旗 : 기 **기**

나타무한
테일즈런너
Tales Runner
부수한자
7
코믹 게임북
재미있는 게임이 가득한 마을! 마을 촌 村!
천재 C캠 코믹스

차례

학년   반
이름 :

2

쉴 **휴**

7급

イ + 木 ▶ 休

- 필순 : ノ イ イ 什 仸 休

마을 **촌**

7급

木 + 寸 ▶ 村

- 필순 : 一 十 才 木 村 村 村

3

나타부한!
해 일 日!
천천히 걸을 쇠 夊!

봄 춘

 →  → 春

• 필순 : 一 二 三 声 夫 表 春 春 春

여름 하

→  → 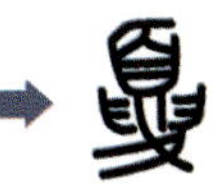 → 夏

• 필순 : 一 丆 丆 丐 百 百 百 頁 夏 夏

나타부한!
벼 화 禾!
이수변 冫!

가을 추

禾 + 火 ▶ 秋

- 필순 : 禾 禾 千 千 禾 禾 秒 秒 秋

겨울 동

한 해를 매듭짓는 계절!

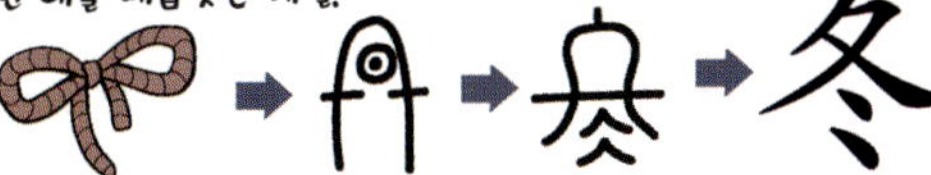

冬

- 필순 : 冬 冬 冬 冬 冬

나타부한!
별 진 辰!
밭 전 田!

농사 **농**

7급

 ➡ 曲 + 辰 ➡ 農

- 필순 : 丨 冂 冃 曲 曲 曲 曲 芦 芦 芦 農 農 農

사내 **남**

7급

 ➡ 田 + 力 ➡ 男

- 필순 : 丨 冂 冂 田 田 男 男

도형 퀴즈 1

옆의 그림 중
접었을 때
주사위 모양을
만들 수 없는 것을
골라 보거라.

어? 이거 정말
헷갈리는데요?

그러게요.
실수하지 않게
조심해야겠어요.

※정답은 42쪽에!

도형 퀴즈 2

※정답은 42쪽에!

한 붓 그리기 퀴트 1

※정답은 42쪽에!

한 붓 그리기 퀴즈 2

옆의 그림을
종이에서 펜을
떼지 않고 한 번에
그려 보세요.
후, 어려워!
부수한자 마법이
세상에서 제일
쉬운 것 같아.
그건
아닐걸.

※정답은 42쪽에!

왼쪽과 오른쪽 그림에 서로 다른 부분이 세 군데 있구나. 찾을 수 있겠느냐?

※정답은 43쪽에!

왼쪽과 오른쪽 그림에 서로 다른 부분이 세 군데 있어요. 찾을 수 있죠?
20

21

※정답은 44쪽에!

왼쪽과 오른쪽 그림에
서로 다른 부분이 세 군데
있어요. 찾아 볼까요?

※정답은 45쪽에!

앞뒤 고을 시장 곳곳에
나타부한 친구들이 숨어 있어요!
호야는 어디 있을까요?
24

등장 인물 퀴즈
※정답은 46쪽에! 25

나는 우주 최고
꽃미남, 나르시스!
다음 중 지금 내 모습과
같은 그림자는
어떤 것일까요?

①

②
③

사랑의 전사로
변신한 나르시스!
어떤 모습으로 변했는지
골라 보세요.
①
28

②
③
※정답은 47쪽에!
29

다음 중
금동이가 밭에서
일할 일꾼을 부를 때
사용한 마법 한자는
무엇일까요?

나타
부한!

뿌항

① 春
봄 춘

② 外
바깥 외

③ 男
사내 남

다음 중
여름 하 夏 마법을
쓰기 위해 사용한
부수한자는
무엇일까요?

촤
비틀
촤 촤
촤
비틀
비틀

등장 인물 퀴즈
①
천천히 걸을 쇠
②
옷 의
③
모 방
※정답은 47쪽에! 33

나도 작가!

<상황 1>

〈상황 2〉

〈상황 3〉

〈상황 4〉

빵으로 알아보는 나의 성격!

①

②

③

④

① 식빵
지루한 것을 싫어해서 항상 새로운 것을 찾아다니는 당신! 예술적인 감각이 뛰어난 사람이군요!

② 생크림 케이크
강렬한 댄스보단 발라드를 더 좋아하는 당신! 사랑 이야기에 호기심이 많은 로맨티스트네요!

③ 샌드위치
호기심이 많은 당신! 열정적이고, 인내심이 많고, 모든 일을 성실하게 하는 사람이군요.

④ 카스텔라
원만한 성격을 가진 당신. 실수를 하지 않도록 늘 노력하고 사람들과 잘 어울리는 당신은 모범생 타입!

간식으로 알아보는 나의 성격!

①

②

③

④

① 아이스크림

당신은 기본적으로 다정다감한 타입입니다. 하지만 감정의 기복이 커서 상대방을 당황스럽게 하네요.

② 파이

사교적인 성격의 당신은 사람들의 주목을 받는 것을 즐기는 타입이네요.

③ 초콜릿

논리적인 성격의 당신은 깔끔하고 침착해서 많은 사람들이 믿고 의지할 수 있겠네요.

④ 과일

창의력이 있는 당신은 발명가나 예술가가 될 가능성이 높습니다.

정답

나타났소!

10쪽

②

12쪽 총 35개
=5개
=5개
=5개
=5개
=5개
=5개
=5개

14쪽

1
5
4
9
2
8
6
13
10
7

16쪽

7
8
2
1
3
6
9
4
10
5

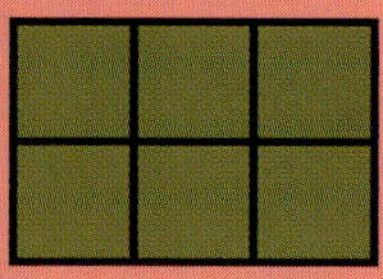

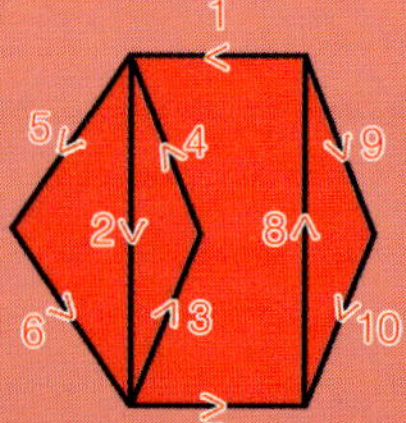

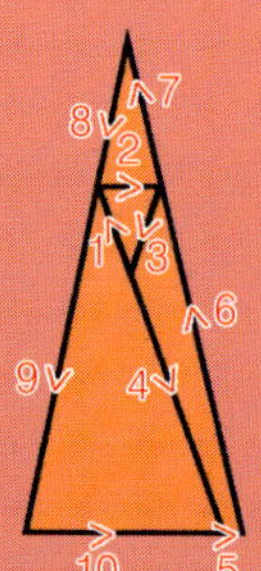

헤헤, 여기
숨어 있었지롱!

③

③

③

사내 **남**

①

천천히 걸을 **쇠**

다음 권에서는
어떤 모험이
펼쳐질까?
어서
가 보자!

테일즈런너와 일지매의 진짜 모험은
테일즈런너 Tales Runner
나타부틴
부수한자 에서 계속됩니다!

나타나는 테일즈런너 Tales Runner
부수한자 7
코믹 게임북
재미있는 퀴즈와
게임이 가득해요!

주의
책 모서리에 다칠 수 있으니 주의하시기 바랍니다.
부주의로 인한 사고의 경우 책임지지 않습니다.